PETER LIEBERSON

RILKE SONGS

FOR MEZZO-SOPRANO AND PIANO

ISBN 978-0-634-06891-1

AMP 8189

First printing: February 2007

Associated Music Publishers, Inc.

DISTRIBUTED BY

HAL•LEONARD®

7777 W. BLUEMOUND RD. P.O. BOX 13819 MILWAUKEE, WI 53213

"Rilke Songs" was first performed
by Lorraine Hunt Lieberson on 18 July 2001,
at the Santa Fe Chamber Music Festival.
A recording by Lorraine Hunt Lieberson and Peter Serkin
is available on Bridge Records, CD 9178.

O ihr Zärtlichen

O ihr Zärtlichen, tretet zuweilen
in den Atem, der euch nicht meint,
laßt ihn an eueren Wangen sich teilen,
hinter euch zittert er, wieder vereint.

O ihr Seligen, o ihr Heilen,
die ihr der Anfang der Herzen scheint,
Bogen der Pfeile und Ziele von Pfeilen,
ewiger glänzt euer Lächeln verweint.

Fürchtet euch nicht zu leiden, die Schwere,
gebt sie zurück an der Erde Gewicht;
schwer sind die Berge, schwer sind die Meere.

Selbst die als Kinder ihr pflanztet, die Bäume,
wurden zu schwer längst; ihr trüget sie nicht.
Aber die Lüfte...aber die Räume...

Atmen, du unsichtbares Gedicht!

Atmen, du unsichtbares Gedicht!
Immerfort um das eigne
Sein rein eingetauschter Weltraum. Gegengewicht,
In dem ich mich rhythmisch ereigne.

Einzige Welle, deren
allmähliches Meer ich bin;
sparsamstes du von allen möglichen Meeren,–
Raumgewinn.

Wieviele von diesen Stellen der Räume
waren schon
innen in mir. Manche Winde
sind wie mein Sohn.

Erkennst du mich, Luft, du, voll noch einst
meiniger Orte?
Du, einmal glatte Rinde,
Rundung und Blatt meiner Worte.

O you tender ones

O you tender ones, walk now and then
into the breath that blows coldly past.
Upon your cheeks let it tremble and part;
behind you it will tremble together again.

O you blessed ones, you who are whole,
you who seem the beginning of hearts,
bows for the arrows and arrows' targets–
tear-bright, your lips more eternally smile.

Don't be afraid to suffer; return
that heaviness to the earth's own weight:
heavy are the mountains, heavy the seas.

Even the small trees you planted as children
have long since become too heavy; you could not
carry them now. But the winds...But the spaces...

Breathing: you invisible poem!

Breathing: you invisible poem! Complete
interchange of our own
essence with world-space. You counterweight
in which I rhythmically happen.

Single wave-motion whose
gradual sea I am;
you, most inclusive of all our possible seas–
space grown warm.

How many regions in space have already
been inside me.
There are winds that seem like
my wandering son.

Do you recognize me, air, full of places I
once Absorbed?
You who were the smooth bark,
roundness, and leaf of my words.

Wolle die Wandlung

Wolle die Wandlung. O sei für die
     Flamme begeistert,
drin sich ein Ding dir entzieht, das mit
     Verwandlungen prunkt;
jener entwerfende Geist, welcher das
     Irdische meistert,
liebt in dem Schwung der Figur nichts wie
     den wendenden Punkt.

Was sich ins Bleiben verschließt, schon
     ists das Erstarrte;
wähnt es sich sicher im Schutz des
     unscheinbaren Grau's?
Warte, ein Härtestes warnt aus der Ferne
     das Harte.
Wehe –: abwesender Hammer holt aus!

Wer sich als Quelle ergießt, den erkennt
     die Erkennung;
und sie fürhrt ihn entzückt durch das heiter
     Geschaffne,
das mit Anfang oft schließt und mit Ende
     beginnt.

Jeder glückliche Raum ist Kind oder
     Enkel von Trennung,
den sie staunend durchgehn. Und die
     verwandelte Daphne
will, seit sie lorbeern fühlt, daß du dich
     wandelst in Wind.

Will Transformation

Will transformation. Oh be inspired for the
     flame,
in which a Thing disappears and bursts
     into something else;
the spirit of re-creation which masters this
     earthly form,
loves most the pivoting point where you
     are no longer yourself.

What tightens into survival is already
     inert;
how safe is it really in its inconspicuous
     gray?
From far off a far greater hardness warns
     what is hard,
and the absent hammer is lifted high!

He who pours himself out like a stream is
     acknowleged at last by Knowledge;
and she leads him enchanted through the
     harmonious country
that finishes often with starting, and with
     ending begins.

Every fortunate space that the two of them
     pass through, astonished,
is a child or grandchild of parting. And the
     transfigured Daphne,
as she feels herself become laurel, wants
     you to change into wind.

Blumenmuskel, der der Anemone

Blumenmuskel, der der Anemone
Wiesenmorgen nach und nach erschließt,
bis in ihren Schooß das polyphone
Licht der lauten Himmel sich ergießt,

in den stillen Blütenstern gespannter,
Muskel des unendlichen Empfangs,
manchmal so von Fülle übermannter,
daß der Ruhewink des Untergangs

kaum vermag die weitzurückgeschnellten
Blätterränder dir zurückzugeben:
du, Entschluß und Kraft von wieviel Welten!

Wir, Gewaltsamen, wir währen länger.
Aber wann, in welchem aller Leben,
sind wir endlich offen und Empfänger?

Flower-muscle that slowly opens

Flower-muscle that slowly opens back
the anemone to another meadow-dawn,
until her womb can feel the polyphonic
light of the sonorous heavens pouring down;

muscle of an infinite acceptance,
Stretched within the silent blossom-star,
at times so overpowered with abundance
that sunset's signal for repose is barely

able to return your too far hurled-
back petals for the darkness to revive:
you, strength and purpose of how many worlds!

We violent ones remain a little longer.
Ah but when, in which of all our lives,
shall we at last be open and receivers?

Stiller Freund

Stiller Freund der vielen Fernen, fühle,
wie dein Atem noch den Raum vermehrt.
Im Gebälk der finstern Glockenstühle
laß dich läuten. Das, was an dir zehrt,

wird ein Starkes über dieser Nahrung.
Geh in der Verwandlung aus und ein.
Was ist deine leidendste Erfahrung?
Ist dir Trinken bitter, werde Wein.

Sei in dieser Nacht aus Übermaß
Zauberkraft am Kreuzweg deiner Sinne,
ihrer seltsamen Begegnung Sinn.

Und wenn dich das Irdische vergaß,
zu der stillen Erde sag: Ich rinne.
Zu dem raschen Wasser sprich: Ich bin.

Silent Friend

Silent friend of many distances, feel
how your breath enlarges all of space.
Let your presence ring out like a bell
into the night. What feeds upon your face

grows mighty from the nourishment thus offered.
Move through transformation, out and in.
What is the deepest loss that you have suffered?
If drinking is bitter, change yourself to wine.

In this immeasurable darkness, be the power
that rounds your senses in their magic ring,
the sense of their mysterious encounter.

And if the earthly no longer knows your name,
whisper to the silent earth: I'm flowing.
To the flashing water say: I am.

When I was growing up, my mother, whose first language was German, would often quote lines from Rilke. I have been drawn to his poetry ever since.

Rilke seems to evoke feelings, states of being that are at the edge of awareness, mysterious but close to the heart. One can't always understand exactly what he means. I believe this is a deliberate elusiveness in order to provoke our intuition.

The Rilke Songs were written for my wife, Lorraine Hunt Lieberson. I think of them as love songs even though the poems themselves are not overtly about love. They are about being childlike and open in 'O ihr Zärtlichen'; in 'Atmen, du unsichtbares Gedicht!,' about the breath being a complete exchange between our own essence and the universe, how the breath seems to go out into space like our wandering son; the mysterious way in which we might transform ourselves: "If drinking is bitter, turn yourself into wine (from 'Stiller Freund')." To me these Rilkean insights are a gift of love.

— Peter Lieberson

Note:
Accidentals hold for the measure, as is customary.
Occasionally, cautionary accidentals are given.

RILKE SONGS

R. M. Rilke

Peter Lieberson

O ihr Zärtlichen

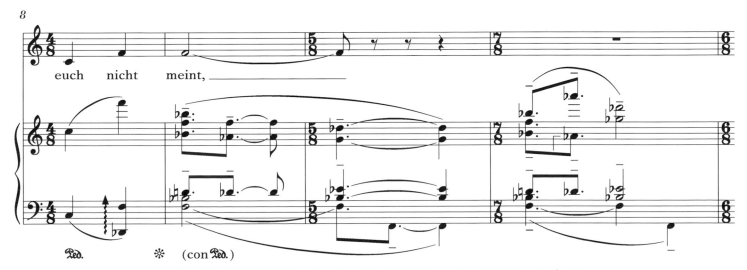

laßt ihn an euer-en Wang-en sich tei - len, hint - er euch zit-tert er,

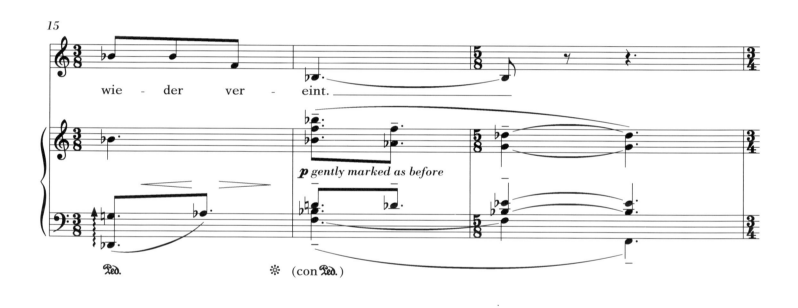

wie - der ver - eint.

p gently marked as before

O ihr Se - lig - en, o ihr Heil - en,

die ihr der An - fang der Herz - en scheint,

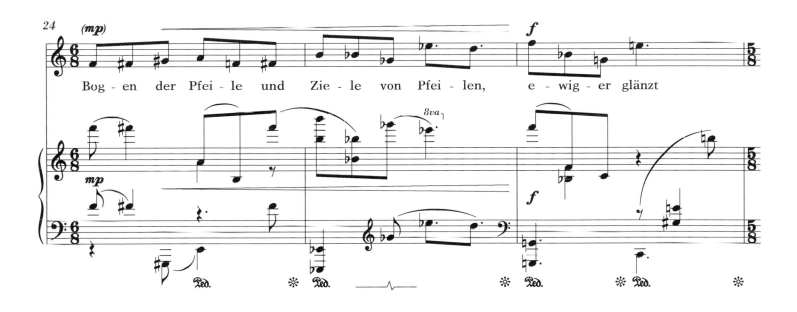

Bog - en der Pfei - le und Zie - le von Pfei - len, e - wig - er glänzt

eu - er Läch - eln ver - weint.

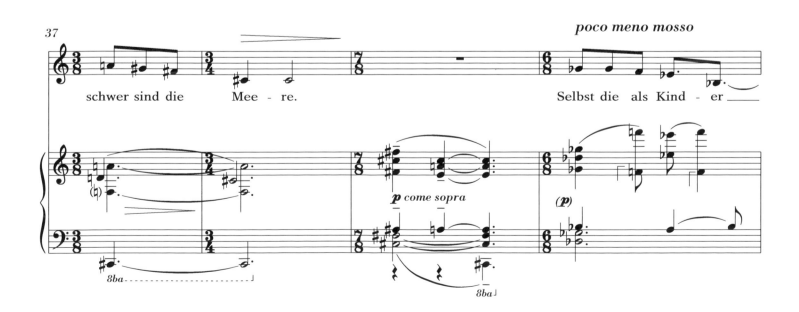

ihr pflanz - tet, die Bäu - me, wur - den zu

schwer längst; ihr trü - get sie nicht. ___ A - ber die

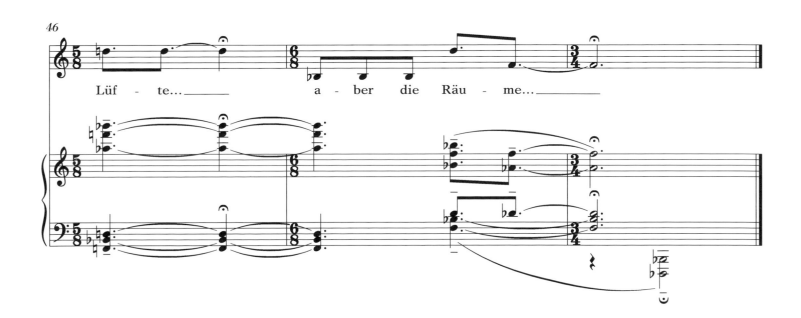

Lüf - te... ___ a - ber die Räu - me... ___

Atmen, du unsichtbares Gedicht

At - men, du un - sicht - bar - es Ge - dicht!

Im - mer - fort um das eig - ne Sein rein ein - ge - tausch - ter

Welt - raum,___ Im - mer - fort um das eig - ne Sein

rein ein - ge - tausch - ter Welt - raum.___

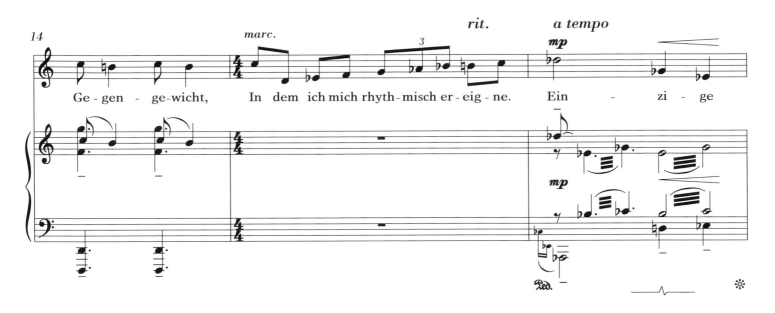

mög - lich - en Meer - en, Raum - ge - winn. ___

p ma sonoro

(con Ped.)

8ba.

pochiss. più mosso   *poco accel.*   *più mosso*

p sub.
leggiero

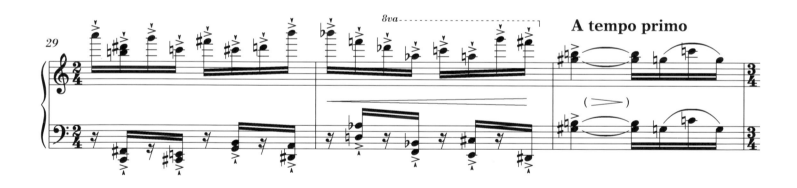

8va.

A tempo primo

(>)

Wie - vie - le von die - sen

mf
ma dolce

(mf)

Stel - len der Räu - me, war - en schon in - nen in mir.
Man - che Win - de sind wie mein Sohn, _____ mein Sohn.
Er -

Wolle die Wandlung

Passionately

Wol - le die Wand - lung. O sei für die Flam-me be - geist - ert,

drin sich ein Ding dir ent - zieht, das mit Ver-wand-lung - en

prunkt;

jen - er ent - wer - fen - de Geist, wel - cher das Ir - dische meist - ert,

lieb in dem Schwung ___ der Fi - gur nichts wie den wen - den - den

Punkt. ___

very articulated

Was sich ins Blei - ben ver - schließt, ___ schon ists das Er - starr -

te; wähnt es sich sich- er im Schutz des un-schein-bar- en Grau's?

(Tempo primo)

War - te, ein Här - tes - tes warnt aus der Fer - ne das Har - te.

We - he–: ab-we-send-er Ham-mer holt aus! Wer sich als

Quel - le er - gießt, den er - kennt die Er - ken - nung;

Tranquillo

und sie fürht ihn ent - zückt durch das hei - ter Ge-schaff - ne, das mit An-fang oft

(con Ped.)

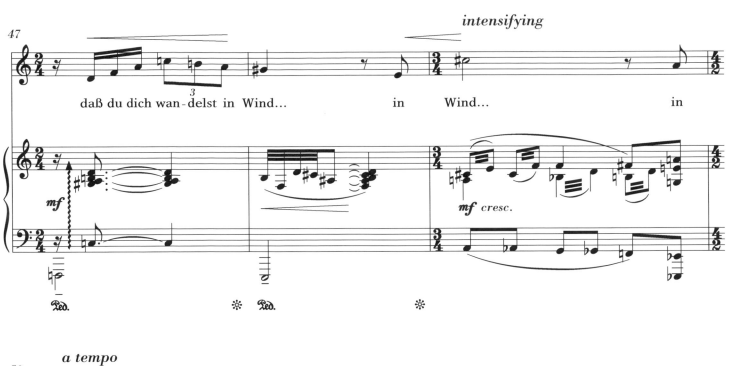

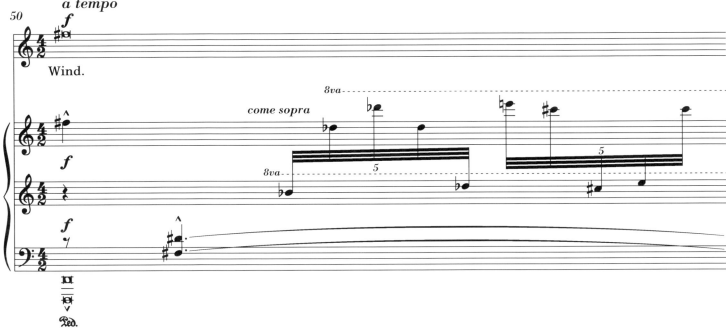

Blumenmuskel…

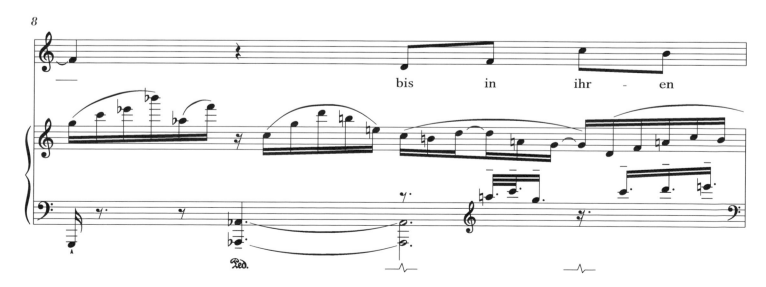

Schooß das po - ly - pho - ne Licht der

lau - ten Him - mel sich er - gießt,

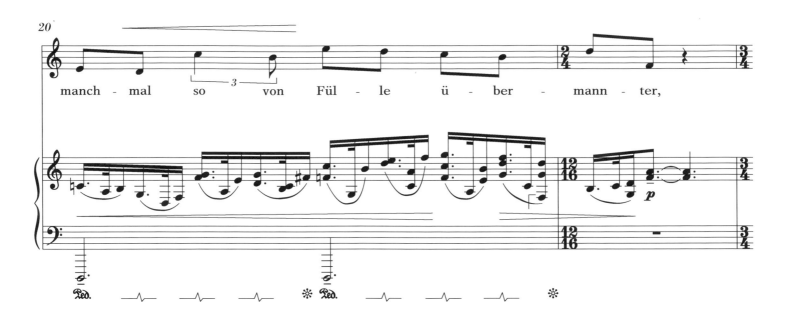

manch - mal so von Fül - le ü - ber - mann - ter,

gradually intensifying

daß der Ru - he - wink _____ des Un - ter - gangs kaum ver -

(♩. = ♩)
(stesso tempo)

mp sonoro

mag die weit - zu - rück - ge - schnell - ten Blät - ter - ränd - er dir zu - rück - zu - geb - en:

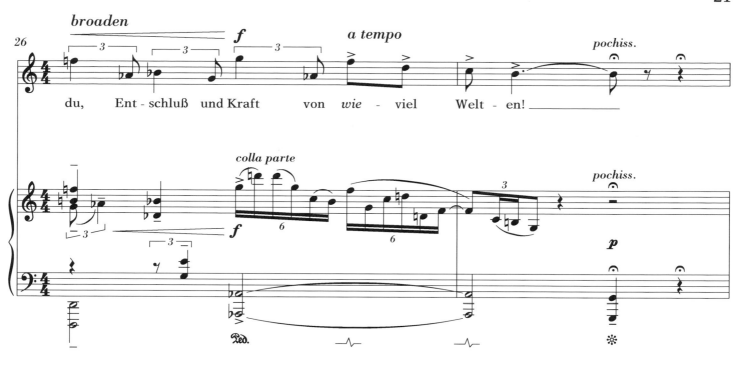

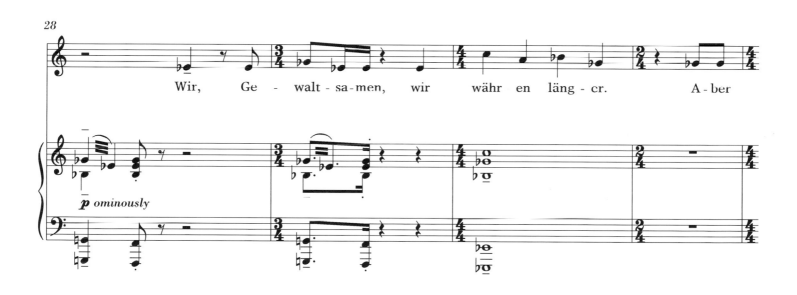

Stiller Freund

24